AF461427

15 Avril 1891.

V

VENTE

Des Mercredi 15 et Jeudi 16 Avril 1891

A DEUX HEURES

HOTEL DROUOT, SALLE N° 1

AMEUBLEMENT

ANCIEN ET MODERNE

Canapé Louis XV en tapisserie d'Aubusson
Nombreux Sièges de style Louis XVI, Meubles et Bronzes Empire
Meubles de Chambre à coucher
Bois sculptés, Glaces, Torchères, Meubles divers

CARICATURES EN PLATRE PAR DANTAN

TABATIÈRES EN OR ÉMAILLÉ, MINIATURES, FAIENCES
PORCELAINES, BRONZES
SCULPTURES, CURIOSITÉS, VITRAUX ANCIENS ET DE STYLE

TRÈS BELLES BRODERIES DE LA RENAISSANCE

Tapisseries et Étoffes

QUELQUES TABLEAUX DONT UN DE MONTICELLI

EXPOSITION PUBLIQUE

Le Mardi 14 Avril 1891, de 1 h. 1/2 à 5 h. 1/2

COMMISSAIRE-PRISEUR :	EXPERT :
Mᵉ M. DELESTRE	M. B. LASQUIN
Rue Drouot, 27	Rue Laffitte, 12

PARIS — 1891

IMPRIMERIE MAULDE ET RENOU

A. MAULDE & Cie

IMPRIMEURS DE LA COMPAGNIE DES COMMISSAIRES-PRISEURS

Rue de Rivoli, 144

CONDITIONS DE LA VENTE

Elle sera faite au comptant.

Les Acquéreurs paieront CINQ POUR CENT en sus du prix d'adjudication.

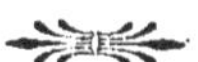

A. MAULDE et Cie, imprimeurs de la Compagnie des Commissaires-Priseurs,
rue de Rivoli, 144. 400—14006

DÉSIGNATION

TABATIÈRES

1 — Boîte oblongue à angles coupés, en or émaillé bleu sur fond guilloché. Le couvercle offre le sujet de « Lavinie à la suite de la mort d'Enie s'enfuit chez les bergers de son père ». Au-dessous de l'émail, divers attributs ciselés en bas-relief.

2 — Belle boîte oblongue à angles coupés, en or émaillé et ciselé. Le fond et le pourtour gros bleu entouré de filets d'émail blanc et d'ornements gravés réservés. Le couvercle offre le sujet d'Hercule, Omphale et l'Amour dans un encadrement de perles ; de chaque côté, des statuettes d'amours sur des piédestaux, reliés par divers attributs : colombes, carquois, flambeau, exécutés en bas-relief en or ciselé. Travail de Genève.

3 — Boite ronde du temps de Louis XVI, en or ciselé et mosaïque de Rome. Le dessus représente deux Nymphes et un Satyre, le dessous Pégase, le pourtour de très délicats rinceaux.

4 — Boite ovale en jaspe.

MINIATURES

5 — Deux miniatures rectangulaires sur velin. Portraits en pied d'un personnage et d'une dame de qualité du temps de Louis XIII, par Brentel.

L'homme, en costume rouge brodé d'or, est debout, la tête découverte, la main droite appuyée sur une canne et l'autre main posée sur la hanche.

A sa gauche, un meuble recouvert d'un tapis sur lequel est posé un chapeau, derrière lui, une armure sur un chevalet.

La dame, debout près d'une table, la main droite appuyée sur un livre, est vêtue d'une robe verte brodée d'or et coiffée d'un large chapeau noir.

Ces deux miniatures très finement exécutées sont dans des cadres en bois sculpté et doré.

6 — Boite ronde en poudre d'écaille, avec miniature. Portrait de femme en buste, chevelure poudrée, ornée de fleurs ainsi que le corsage.

7 — Miniature ovale sur ivoire. Portrait de jeune femme en peignoir blanc, chevelure rousse.

8 — Miniature ronde sur ivoire. Portrait de jeune femme en corsage décolleté, le menton appuyé sur la main droite.

9 — Boîte ronde en écaille noire, avec miniature. Portrait de jeune femme en buste, en corsage bleu, avec manteau passé sur l'épaule droite.

10 — Miniature ronde sur ivoire. Portrait de dame en costume Louis XVI, robe mauve et fichu blanc. Assise près d'un arbuste en fleurs, elle tient un livre de la main droite.

11 — Grande miniature ovale sur ivoire. Portrait de jeune femme, assise, un corsage bleu et guimpe de gaze, un ruban bleu entoure sa chevelure blonde. Cadre en bronze doré.

12 — Miniature ovale sur ivoire, signée LAURENT. Jeune baigneuse caressant un cygne. Cadre en argent gravé.

13 — Miniature ronde sur ivoire. Jeune femme à mi-corps, en robe blanche, à corsage décolleté, coiffée d'un large chapeau orné de plumes, le bras gauche accoudé sur un fauteuil.

14 — Boite ronde en ivoire, avec miniature. Vénus, Adonis et l'Amour.

15 — Boîte ronde en bois, avec miniature. Enfant portant un polichinelle.

16 — Miniature ronde sur ivoire. Portrait de jeune femme en costume Louis XVI, de profil à gauche.

17 — Petite peinture ronde. Portrait de Mme de Genlis, assise, tenant un livre ouvert.

18 — Petite miniature ovale sur ivoire. Portrait de jeune femme en corsage rouge.

PORCELAINES ET FAIENCES

19 — Quatre petits vases en ancienne porcelaine tendre de Mennecy, à décors de fleurs.

20 — Deux figurines de Joueuse de triangle et de Joueur de tambourin, en vieux Saxe.

21 — Groupe de cinq Enfants musiciens, en vieux Saxe.

22 — Quatre figurines d'Amour, en vieux Saxe. L'Amour médecin, l'Amour tragique, l'Hiver, et petit Jardinier.

23 — Figurine de petit Hussard, en ancienne faïence allemande, et une figure de Chasseur, en biscuit.

24 — Petit monument composé d'un vase et de trois figures d'Enfant sur un fût de colonne cannelée, avec médaillon de C.-F. Gellert, en ancien blanc de Saxe.

25 — Cabaret en porcelaine à décor, genre japonais, rehaussé de dorure.

26 — Figurine de femme en ancien céladon vert d'eau de Chine.

27 — Plat hispano-mauresque à ombilic en faïence à reflets mordorés rehaussés de bleu. XVIe siècle.

28 — Plat hispano-mauresque à ombilic en faïence à reflets mordorés. XVIe siècle.

29 — Lot de Carreaux de revêtement en ancienne faïence de Delft.

30 — Huit Carafons en ancien verre de Bohême à ornements dorés.

VITRAUX

31-36 — Sept Garnitures de fenêtres en vitraux des XVIe et XVIIe siècles et de style.

BRONZES

37 — Deux Candélabres du temps de l'Empire, composés chacun d'une figure de femme drapée et ailée en bronze, à patine verte, supportant cinq lumières à rinceaux, têtes de griffons et flammes en bronze doré. Les socles en bronze patiné sont ornés de figures appliques d'aigles et de torches en bronze doré.

38 — Très grand et magnifique Lustre-Suspension, de style Louis XVI, en bronze ciselé et doré, avec lampadaires pouvant se transformer en porte-bougies. Pièce remarquable d'exécution.

38 *bis* — Grande Pendule en bronze doré, surmontée de quatre figures : Vénus, Apollon, Vulcain, etc.

39 — Deux Lampes en bronze patiné et doré formés de colonnes de style gothique à châpiteaux.

40 — Deux Flambeaux de même style, en bronze.

41 — Surtout de table Louis XV, en bronze argenté composé de trois parties.

42 — Trois Verrières anciennes en cuivre argenté.

43 — Garniture de commode Louis XV en bronze.

44 — Deux Coupes Empire en bronze, à anses serpents dorées, sur socles en marbre vert.

45 — Galerie de foyer en cuivre avec deux lévriers.

46 — Deux jolis Flambeaux de la fin du XVIIIe siècle en bronze ciselé et doré, à tige en forme de vase, ornés de trois mascarons reliés par des draperies.

47 — Deux Flambeaux fin du XVIIIe siècle, socle à tige cannelée en bronze argenté.

48 — Encrier Empire en bronze et marbre griotte, à trois godets en forme de vases.

49 — Petite Ecritoire en bois avec godets en cuivre argenté, dans un écrin en cuir.

50 — Trois petits Bustes en bronze sur socles en marbre blanc : La Fontaine, Maréchal de Saxe, etc.

51 — Deux Girandoles Louis XVI, à trois lumière et à deux branches, en bronze doré.

52 — Deux gands Flambeaux Louis XIII, en cuivre, à tige balustre godronnée.

53 — Lustre flamand, à six lumières, en cuivre.

54 — Grand Brasero rond, à couvercle en cuivre rouge repoussé, à godrons.

55 — Un Flambeau Henri II en cuivre.

56 — Grande Vasque ronde orientale munie de quatre anses, en cuivre gravé, à zones de grecques et arabesques.

57 — Lot d'Ornements de meubles du XVIIIe siècle en bronze et un petit Coffret en cuivre.

58 — Deux Flambeaux en bronze du Japon, à trépieds têtes d'éléphants et tige fleur de lotus.

59 — Brûle-Parfums de forme oblongue en ancien bronze du Japon.

60 — Deux petits Vases balustres carrés, en bronze du Japon gravé.

61 — Brûle-Parfums en cuivre, de style japonais.

CARICATURES EN PLATRE PAR DANTAN

62 — Huit Statuettes en plâtre par Dantan : Caricatures d'Artistes musiciens et de contemporains de l'époque 1830.

SCULPTURES

63 — Marbre blanc : Buste du Dante, grandeur nature, tête laurée.

64 — Marbre blanc : Frise d'entablement du XVIe siècle, sculptée en bas-reliefs, à têtes d'amours reliées par des guirlandes.

65 — Terre cuite : Vase forme Médicis.

66 — Porphyre rouge oriental : Mortier de forme octogonale.

67-68 — Quatre Dessus de meubles en marbre et mosaïque.

69 — Cire teintée : Buste de femme, reproduction de celui du Musée Vicar de Lille, attribué à Raphaël.

70 — Haut-Relief rectangulaire en bois sculpté du XVIIe siècle : Combat romain.

71 — Buste de Femme en bois sculpté.

DIVERS

72 — Deux Selles roumaines en bois, avec armature en [illegible] et cuivre.

73 — Enseigne d'un Institut astronomique d'Amsterdam en bois découpé et peint, simulant une table sur laquelle sont posés un globe céleste et un in-folio ouvert portant la date 1655.

74 — Guéridon en onyx, avec pied en bronze doré.

75 — Jardinière carrée en bronze, ornée de plaques de faïence.

SIÈGES

76 — Charmant petit Canapé Louis XV, de forme contournée, en bois sculpté et doré garni d'ancienne tapisserie d'Aubusson, à médaillons sujet pastoral et animaux entourés de guirlandes de fleurs.

77 — Quatre petits Fauteuils Louis XV en bois sculpté et doré, garnis de soie rouge.

78 — Un Fauteuil Louis XVI en bois peint à deux tons, garni de soie rouge.

79 — Un Fauteuil Louis XVI en bois peint en blanc, garni de cretonne.

80 — Ameublement de boudoir de style Louis XVI, en bois sculpté et doré, à feuilles de lauriers et garni de soie bleu-clair, composé de : une Marquise, quatre Fauteuils et deux Chaises.

— Petit Canapé de style Louis XVI, en bois sculpté et doré, à perles et rubans, garni de tapisserie moderne d'Aubusson à fleurs.

82 — Chaise de style Louis XVI, en bois sculpté et doré, garnie de soie rouge brodée.

83 — Chaise de style Louis XV, en bois doré, garnie de satin noir brodé.

84 — Chaise de style Louis XVI, à dossier, médaillon en bois sculpté et doré garni de soie rouge.

85 — Tabouret de style Louis XVI, en bois doré, garni de broderie de Recht.

86 — Deux Chaises-Fumeuses et un petit Pouf.

87-89 — Trois Tabourets de style Louis XVI, en bois doré, garnis de broderie orientale et satin rouge.

90 — Canapé de style Louis XVI, en bois finement sculpté à fleurs, rehaussé de dorure.

91 — Deux Fauteuils style Louis XVI, en bois sculpté et doré, garnis de soie ancienne.

92 — Quatre Chaises de style Louis XV, en bois doré, garnies de soie.

93 — Deux petites Chaises en bois noir sculpté, garnies de broderie.

94 — Quatre Chaises légères en bois noir et broderies.

95 — Deux Escabeaux Louis XIII, à dossier sculpté, à feuillage.

96 — Fauteuil en incrustation sur bois, dite certosine.

97 — Deux Fauteuils en jonc.

98 — Fauteuil anglais en drap rouge.

99 — Deux Chaises bébé en blanc.

100 — Deux Chaises en chêne.

101 — Canapé en damas rouge capitonné.

102 — Autre Canapé capitonné en satin rouge.

103 — Chaise longue garnie de soie saumon, style Louis XVI.

104 — Grand Canapé en velours d'Utrecht rouge.

105 — Canapé de style Louis XVI, en bois blanc et or, garni de velours rouge.

106 — Quatre Fauteuils et quatre Chaises de style Louis XVI, en bois sculpté, à feuillages et perles, peints en noir et dorés, garnis de soie rouge capitonnée.

107 — Dos-à-dos en damas rouge.

108 — Ameublement de salon en bois doré, style Louis XV, garni de damas rouge, composé d'un Canapé, quatre Fauteuils et quatre Chaises, plus quatre Rideaux de même étoffe et trois Galeries.

MEUBLES ANCIENS ET MODERNES

109 — Bureau à cylindre du temps de l'Empire en acajou, avec pieds griffes de lion.

110 — Deux Consoles en acajou du temps de l'Empire à pieds formés de griffons ailés.

111 — Deux autres Consoles Empire en acajou à pieds volutes.

112 — Un Fauteuil de bureau Empire en acajou.

113 — Table de bouillotte Louis XVI, en acajou, à moulures de cuivre.

114 — Table de salon en bois noir orné de bronzes et incrustée de filets d'étain et de cuivre.

115 — Petite Table losange façon bambou laqué.

116 — Deux Meubles d'entre-deux en bois noir ornés de médaillons en bronze, incrustés de filets d'étain et de cuivre et de plaques de lapis.

117 — Plateau carré en laque de Chine sur pieds en X façon bambou doré.

118 — Deux Tables pliantes à dessus garni de peluche brodée.

119 — Support trépied en bois doré.

120-121 — Grand Lit à colonnes genre Louis XIII en bois d'ébène, avec sommier élastique et deux matelas.

122 — Deux Consoles de côté de lit en bois noir.

123 — Vitrine plate, à deux tiroirs vitrés sur les côtés, en bois d'ébène incrusté de filets d'ivoire.

124 — Table de nuit en bois noir.

125 — Glace Psyché en bois noir.

126 — Chiffonnier en poirier noirci, à moulures.

127 — Deux armoires à linge en poirier noirci à moulures et ornements sculptés.

128 — Table de nuit en bois noir.

129 — Bureau en noyer avec dessus en maroquin rouge, il renferme une caisse de sûreté de Fichet.

130 — Crédence du xvie siècle, en noyer, à balustres unis, le corps du milieu ouvre à deux portes ornées de mascarons sculptés.

131 — Table de nuit Louis XVI forme ovale en acajou à dessus de brocatelle d'Espagne et galerie de cuivre.

132 — Table Gigogne en bois noir incrustée d'ivoire.

133 — Grande Banquette d'antichambre en chêne.

134 — Cinq Jardinières longues en bois avec plaques en faïence à décor oriental.

135 — Porte-Manteau en noyer.

136 — Petit Ecran avec tablette en bois noir et soie rouge.

137 — Petite Table genre Louis XV en bois sculpté et gravé avec tablette d'entrejambe.

138 — Table carrée en bois noir avec dessus en faïence.

139 — Table à jouer à pied à quatre volutes en bois noir sculpté.

140 — Petit Meubles à cigares à six tiroirs.

141 — Table en peluche rouge brodée.

142 — Table étagère à trois tablettes en bois noir et plaques de faïence orientale.

143 — Petite Table support de même travail.

144 — Dressoir à étagère en bois noir sculpté de style Louis XVI.

145 — Table de nuit en bois incrusté de travail dit certosine.

146 — Table plateau en laque de Chine sur pied pliant, bambou doré.

147 — Deux petites tables pliantes en peluche brodée.

148 — Petit Meuble de toilette Louis XVI en acajou, à pieds cannelés, s'ouvrant sur le dessus et garni d'une glace à l'intérieur.

149 — Petit Bureau Louis XV, ouvrant à abattant, en bois de violette.

150 — Commode Louis XVI, à pieds élevés et deux tiroirs marquetés à filets.

151 — Deux Chaises Louis XIII, en noyer sculpté garnies de cuir.

152 — Une Chaise Louis XIII garnie de cuir gaufré et doré. Siège en X en bois noir.

153 — Table avec dessus en marqueterie de bois du XVIIe siècle, cavalier combattant un dragon, dans un médaillon entouré de griffons et d'ornements.

154 — Cage d'horloge en forme d'édicule, en bois noir avec cadran orné d'une peinture : Le Sommeil de Vénus.

155 — Console support à pied volute en bois sculpté, à griffon, guirlande et mascaron.

156 — Guéridon pliant en palissandre.

157 — Grand Coffre italien en bois gravé du XVIe siècle.

158 — Petit Coffre Louis XIII en bois sculpté, à rinceaux et entrelacs.

159 — Deux Torchères supports statuettes de femmes drapées, en bois sculpté et doré.

BOIS SCULPTÉS, GLACES, ETC.

160 — Glace dans un cadre Louis XVI, en bois sculpté et doré, avec fronton à médaillon et guirlandes de fleurs.

161 — Grande Glace dans un cadre Louis XIII, cintré du haut, en bois sculpté à fleurs et feuillages.

162 — Galerie de fenêtre en bois sculpté à guirlande de fleurs, rosades et rubans de style Louis XVI.

163 — Cadre Louis XV en bois doré à motif rocaille formant fronton.

164 — Deux Cadres médaillons ovales en bois sculpté à rubans peint et doré.

165 — Grand Cadre doré genre Louis XIII.

166 — Cadre carré genre Louis XVI, en bois.

167 — Cinq petits Cadres en bois sculpté et doré, Louis XVI et de style.

TAPISSERIES

168 — Grande Tapisserie ancienne à sujet de verdure.

169-170 — Deux Panneaux en tapisserie de la Renaissance.

BRODERIES, ÉTOFFES

171 — Très beau Parement de cheminée en broderie d'or et de soie du XVIe siècle, composé d'un long bandeau orné de deux motifs et de quatre petites bandes et de deux panneaux carrés à médaillons de figures brodés en soie de couleur, dans des encadrements d'entrelacs en or, argent et soie.

172 — Parement de cheminée composé d'un bandeau et de deux montants en broderie du XVIe siècle sur fond de velours grenat.

173 — Parement de cheminée en trois parties, en broderies de style Renaissance, sur fond de peluche rouge.

174 — Parement de cheminée en jolie broderie orientale en soie de couleur, à fleurs et oiseaux sur fond blanc, garni de drap bleu.

175 — Parement de cheminée en drap soutaché et velours vert.

176 — Trois Morceaux d'ancien Velours rouge.

177 — Peluche rouge moderne et lot de Passementeries.

178 — Housse de cheminée en cretonne, à fleurs.

179 — Deux Garnitures lambrequins de lit Louis XIV, en étoffe soutachée.

180 — Une Manipule en velours de Gênes et un Morceau de Soierie.

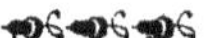

TABLEAUX ET GRAVURES

MONTICELLI

181 — La Confidence.

Deux jeunes femmes sous bois suivies d'un chien ; l'une d'elles, vêtue d'une robe rouge, montre à son amie un médaillon.

Dans le fond, une éclaircie de soleil perce le feuillage.

Petit tableau de la meilleure qualité de l'artiste.

Signé au bas, à gauche.

Bois : H. 0m 28; L. 0m 19.

CROOS (J.-V., 1656)

182 — Paysage de Hollande avec chapelle à droite et figures.

Signé.

ÉCOLE ITALIENNE DU XVe SIÈCLE

183 — Huit Peintures de voussure d'un palais italien du XVe siècle : Têtes d'Hommes et de Femmes dans des ornements.

ÉCOLE FRANÇAISE DU XVIIIe SIÈCLE

184 — Portrait de Femme.

Pastel de forme ovale.

ÉCOLE FRANÇAISE DU XVIIIe SIÈCLE

185 — Deux Dessins encadrés : Tête de Femme de profil à droite et Tête de Négrillon.

186 — Trois Gravures anglaises : Chevaux de courses, dont *Éclipse*, gravé par Burke, d'après Stubbs, et une Gravure : Cheval anglais, d'après C. Vernet.

187 — Cinq Gravures anciennes encadrées, dont le Portrait du cardinal Fleury et deux Pièces anglaises.

www.ingramcontent.com/pod-product-compliance
Ingram Content Group UK Ltd.
Pitfield, Milton Keynes, MK11 3LW, UK
UKHW020536180726
13839UKWH00006B/2549

9 782329 547008